Thomas Dunn

# GLEICHZEITIGKEIT, IMMER
## Meditationen über die Welt

AF203041

Der Autor

Thomas Dunn wurde 1942 in Zürich geboren, wo er auch lange Zeit lebte. Er promovierte an der Uni Zürich als Dr. iur. Studien der Religionen und der Mystik betrieb er autodidaktisch. Seit 2004 im Kanton Graubünden wohnhaft. Es entstanden verschiedene Werke, in denen er versucht, spirituelle Themen darzustellen. In der Zeit um 2015 – 2016 steht das Thema Gleichzeitigkeit im Zentrum.

Thomas Dunn

# GLEICHZEITIGKEIT, IMMER

## Meditationen über die Welt

Copyright: © 2016: Thomas Dunn

Verlag: tredition GmbH, Hamburg
Printed in Germany

Bibliografische Information der Deutschen Nationalbibliothek:
Die Deutsche Nationalbibliothek verzeichnet diese Publikation in der Deutschen Nationalbibliografie; detaillierte bibliografische Daten sind im Internet über http://dnb.d-nb.de abrufbar.

# INHALT

# VORWORT

Mein Ratschlag: Überschlage das Vorwort und beginne mit den nächsten Kapitel! Hier geht es nur um Erklärungen.

Das Thema dieses Buchs ist kein Begriff; es geht um einen Geisteszustand im Bereich von monistischer Mystik.

Monistisch meint, dass es um etwas Einziges geht, und Mystik meint, ja was immer? irgendetwas Tiefes mit „einzig".

Schon im alten Indien war von Einzigkeit die Rede. Dort tauchte der Begriff Advaita (a- dvaita: ohne Zwei) auf. Im Buddhismus ist der Begriff ebenfalls zentral. In den Zenschriften aus China und Japan geht es nur noch um das.

Ich führe das Thema an dieser Stelle nicht weiter aus, weiter hinten dann schon. In diesem Buch knüpfe ich auch nicht an alte Texte an, ich mach auch keine Religionsvergleiche. Ich erlaube mir, eigene Worte zu finden.

Jeder Mensch in jeder Epoche muss neue Worte finden. Ich bin froh, dass ich den antiken oder mittelalterlichen Kontext weglassen kann. Und ich bin sehr froh, dass ich die Zwangsvorstellungen unserer geschätzten Religionen weglassen kann. Ich lasse sogar Yoga und Meditationstechnik weg. Ich will offen und normal sein und möchte einfache und reale Dinge mitteilen.

Eine monistische Mystik in Form von Sprache wiederzugeben ist schwierig. Ja, es ist direkt nicht möglich, sondern nur indirekt. Durch die Sprache kann man Hinweise geben. Aber auch das ist heikel. Benützt man Sprache, kann man leicht vom Sinn abkommen.

Die menschliche Sprache ist eben ein Zeichensystem, welches nur für weltliche Dinge etwas taugt. Sie eignet sich nicht dafür, um hinter die Spiegel zu schauen.


Bei den Texten, die ich hier publiziere, gehe ich von meinen eigenen Einfällen aus. Ganz nur „privat" oder subjektiv sind diese Gedanken aber nicht. Es geht nicht nur um persönliche Selbstbespiegelungen. Natürlich geht es immer um Selbstbespiegelungen bei Menschen, auch hier. Aber vielleicht kann ich zeigen, dass das immer und bei allen Leuten mit der GLEICHZEITIGKEIT im Weltall zu tun hat.

Das Thema „GLEICHZEITIGKEIT, IMMER", soll im nächsten Kapitel ausführlicher erklärt werden.

Und wie steht es mit meinen Lehrern? Ich hatte nicht einen einzigen spirituellen Lehrer. Ich war nicht im Himalaya, nicht in Kalifornien. Was in den klassischen spirituellen Büchern steht, habe ich gelesen. Es ist immer ungefähr dasselbe. Ab und zu zitiere ich eine Stelle.

Aber eine Zusammenstellung von Zitaten gibt es hier nicht. Das würde ein anderes Buch ergeben. Ich möchte mich nicht dauernd auf andere Leute beziehen, denn es wäre geschmacklos, wenn ich mich mit grossen Namen schmücken würde.

Der Text hier soll für sich sprechen, das kann er auch, und ich hänge ihn nirgends auf. Ich versuche, etwas „Abstraktes" in Gedanken umzuformen, ich transformiere Etwas, das wie Nichts ist, in eine Form. Das ist meine Arbeit.

Ich denke, vielleicht waren Höhlenbewohner vor 10000 Jahren dem Geist dieser Sache so nah wie ich. Es hat nichts mit Entwicklung zu tun.

Besonders schätze ich die Schriften der sogenannten Zen-Patriarchen im alten China beispielsweise

Seng Ts'an, Huangpo, Linji, Hui-neng, vor allem deswegen, weil sie sich (meistens) kurz fassen.

Und den Rest von den Upanischaden bis zu Heidegger schätze ich auch. Ich habe leider aber Heidegger nicht gelesen. Auch nicht Kant, Hegel, Bergson oder Foucault und was ich sonst noch hätte lesen sollen. Ich lebe auf dem Land und bin kein geschulter Philosoph.

Ich habe Jura studiert. Da lernt man, dass man jedes Wort genau anschauen muss in seinem Zusammenhang. Man lernt dort auch, dass es Hierarchien von Sätzen gibt, und dass in Texten ein Sinn enthalten sein kann, den man daraus herausholen muss.

## EXKURS ÜBER ARTEN VON MYSTIK

In diesem Vorwort möchte ich auch noch erklären, was ich unter Mystik verstehe. Mystik ist eine Art Erfahrungswissenschaft.
Wissenschaftlich daran ist die Tatsache, dass jeder Mensch in diese vertiefte Erfahrung gelangen kann. Übertragbar von Mensch zu Mensch ist mystische Erfahrung nur selten. Der Musiker hat die Musik, der Mathematiker die Formel, der Mystiker hat nichts.

Es gibt verschiedene Arten von Mystik, die letztlich aber zusammenkommen.

In der monistischen Mystik geht die Entwicklung auf einen Brennpunkt (die Zahl 1) hin. Es geht um den Abbau von Schranken (Beschränkungen, die bestehen). Der einzelne Mensch gibt sich sozusagen zurück, und das Eine oder Ganze, welches schon immer bestanden hat, bleibt übrig.

Bei der anderen Art von Mystik ist der Ansatz gegenständlich, dualistisch: Da hat der Mystiker ein geliebtes persönliches Gegenüber: Er wird es wohl Gott nennen. Es erfolgt eine Polarisierung. Das Eine und Ganze, welches immer besteht, wird in der Spannung vom Liebendem und dem Geliebten erlebt, wobei der Liebende nie ganz durch das geliebte Gegenüber erfüllt werden kann. Sonst kommt er in den Monismus hinein, der oben erwähnt ist.

# GLEICHZEITIGKEIT

Was ist Gleichzeitigkeit? Was verstehe ich darunter?

Man kann vom Wort ausgehen. Vom Wort ausgehend, soll sich jeder selber überlegen, was mit dem Wort gemeint sein könnte.

Bei mir geht die Bedeutung weit, umfasst alles. Die ganze Welt ist gleichzeitig. Es herrscht GLEICHZEITIGKEIT und nicht Zeit. Sogar in den zeitlichen Vorgängen ist immer GLEICHZEITIGKEIT.

Wie ich angedeutet habe, enthält das Wort ein tieferes Verständnis für die Realität.

Wir sind jetzt an dem Punkt, wo das Verständnis und die Sprache auf zwei ganz verschiedenen Ebenen stehen.

Wenn ich hier von GLEICHZEITIGKEIT spreche, meine ich einen vertieften Geisteszustand, in welchem ein Verständnis für das Wesen der Welt möglich wird.

Der vertiefte Geisteszustand ist nun eigentlich gar nicht meiner, sondern ein allgemeiner. Ich finde ihn, weil ich zu dieser Welt gehöre.

GLEICHZEITIGKEIT ist die ganze Welt, als Inbegriff von allem. Seele, Körper und Geist der Welt in einem. Zeitlos, immer.

Im Wort GLEICHZEITIGKEIT ist ein Gegensatz zu unserer Auffassung festgehalten, weil wir gewohnt sind, alles zeitlich zu sehen.

Das Zeitliche findet gleichzeitig statt. Das kann man merken, und das ist es, was der vertiefte Geisteszustand klar macht, wo er erreicht wird.

Wer hier nicht versteht, ist wohl noch am Denken und strengt sich an, um zu verstehen. So geht es nicht.

Die Welt erscheint uns Menschen natürlich immer ungleichzeitig, zeitlich. Immer sehen wir zeitliche Abfolgen, bemerken Veränderungen, Bewegungen. Die GLEICHZEITIGKEIT als Erkenntnis wischt nun aber nicht die Zeit weg, im Gegenteil: Sie ist auch das Zeitliche, aber gemäss dieser Meinung hier eben gleichzeitig stattfindend.

Das heisst: Zeitliche Bewegungen oder Veränderungen sind nicht das Gegenteil von GLEICHZEITIGKEIT.

In Gleichzeitigkeit wälzt sich alles ständig um (zeitlich) in Form von Dingen, die je für sich ein kleiner Spiegel sind für das Gesamte.

Die zeitlich bewegten Dinge erhalten von der GLEICHZEITIGKEIT her ihre Spiegelungsfähigkeit, diese ist wie eine Aufgabe für diese einzelnen Dinge. Denn durch ihre Eigenschaften sind sie dazu prädestiniert, für eine gewisse Zeit eine Darstellung zu sein.

Das Ding empfängt sein (zeitliches) Sein, seine Eigenschaften, empfängt das Leben, wo es ein Lebewesen ist, empfängt Bewusstsein, wo es ein bewusstes Wesen ist.

GLEICHZEITIGKEIT umfasst alles, denn in diesem Begriff sind alle Formen sozusagen wie nichtig.


GLEICHZEITIGKEIT ist eine Tatsache in der mystischen Schau. Aber diese Schau ist keine Schau von etwas. Die Erkenntnis erkennt gar nichts. Es ist unmöglich, etwas zu erkennen, welches überall gleichzeitig ist.

Es geht eher schon um ein Gleichwerden. Ich, meine Substanz, mein Erkennen verschwinden und werden GLEICH mit allem, was ist.

Insofern geht beim einzelnen Menschen das Zeitliche zurück zu seinem Ursprung. Was heisst das? Geburt, Körper, Denken und Fühlen sind zeitliche Spiegel und bleiben es. Aber nun taucht das Verständnis für das Zeitlose darin auf, das Verständnis, dass es wie nichts ist.

Die eigene Form und das Eigenleben könnten dabei verschwinden, tun es aber nicht. Denn der Körper lebt und ist sozusagen die Fabrik für beschränkte Vorstellungen. Man ist sofort wieder im landesübliche Denken und Meinen drin. Da wir ein Ding sind im Kosmos, bleibt die Situation dieselbe: dualistisch.


Zur Wortwahl:

Man könnte die Gleichzeitigkeit anders nennen. Ich habe schon daran gedacht, aber ich bleibe beim Wort GLEICHZEITIGKEIT, weil aus Gleichzeitigkeit alles herauskommen kann, alles was real ist oder denkbar ist. Gleichzeitig alles und gleichzeitig nichts.

Es gibt nichts Zentraleres als das, was selbst keine Zeit kennt. Es macht scheinbar Zeit dadurch, dass einzelne Formen voneinander getrennt sind. Und immer ist es in jeder Form, jeder Wahrnehmung.

Uns kommt die ganze Geschichte da (die Welt) sehr aufsässig, eindringlich und vorwärtsstrebend vor. Es scheint alles immer nur vorwärts zu gehen. Dieses Thema möchte ich hier nicht behandeln. Das unablässige Fliessen, von welchem alles in der Welt ergriffen ist, müssen wir an dieser Stelle mal hinnehmen im Sinn von: Wir erfassen ohnehin nie das Ganze. Und: Wenn wir auf Eigenschaften des Universums eingehen, erfassen wir jedenfalls die GLEICHZEITIGKEIT der Entstehung aller Eigenschaften nicht.

Jeder Mensch hat das Ganze, welches die Welt zur GLEICHZEITIGKEIT macht, in sich. Nicht, weil es „die wahre Natur des Menschen" ist (was für ein Blödsinn!), sondern weil es nichts anderes gibt.

Insofern liegt die mystische Schau vor der Haustür. Man IST das, auch körperlich. Vielleicht sollte man das körperliche Leben anders erleben. Der Körper ist ein Brennen (Hunger, Durst, Wärme, Triebe). Aber es ist im Grunde genommen eine kreative Leistung des ganzen Weltalls. Wenn du dich als Eigenwesen mit eigenem Bewusstsein, eigenen Erlebnissen, eigener Lebenszeit, eigener Lebensgeschichte und so weiter fühlst, schadet es gar nichts!

Menschen fühlen sich oft zu allem in einem Gegensatz und glauben, keinen Kontakt zu ihren Wurzeln mehr zu haben. Das stimmt nicht. Es gibt im Grunde genommen in der Welt keine Zweiheit. Wo es Zweiheit gibt und wir solche wahrnehmen, haben wir sie selber gemacht; sie ist unsere Ansicht.

Dass die Welt für uns geformt ist und sich in ihren Teilen bewegt, ist der Fall. Aber davon soll man sich nicht hypnotisieren lassen. Das alles findet auf einer niedrigeren Realitätsebene statt, auf welcher sich die Teile gegenseitig ansehen und beeinflussen. Diese Realitätsebene – die von unseren Sinnesorganen abhängt – nennen wir real, aber sie ist nur äusserlich. Sie wird durch die Naturwissenschaften erforscht.

Hier, in diesem Buch geht es um etwas Anderes. Es geht um Befreiung.

Die GLEICHZEITIGKEIT ist jetzt, sie war wohl die Form von vorvorgestern, die von gestern und die von morgen. Es kann schon sein, dass wir meinen, dass wir einen riesigen weiten Raum wahrgenommen haben. Für unsere Begriffe ist die Welt gross: Wenn etwas 220 Millionen Lichtjahre oder noch mehr weg ist, sind wir beeindruckt oder sogar bedrückt: Was bin ich angesichts dieser Distanzen?

Dann aber ist die Welt auch subatomar klein. Wenn die Partikel so klein sind, dass wir sie nicht wahrnehmen können, so sind wir auch verwirrt und bedrückt, denn wir möchten ja nicht selber NUR aus diesen winzigen Partikeln bestehen. Wir lehnen also die moderne Physik ab.

Interstellar-subatomar, klein-gross, seelisch-körperlich, Gedachtes, Gefühltes, Gewusstes: All das sind Verwirrungszustände und keine Erkenntnis.

Mitten in der GLEICHZEITIGKEIT richte ich die Aufmerksamkeit gegen aussen: Dann hat alles einen Bildcharakter. Oder ich richte die Aufmerksamkeit gegen innen: Dann hat alles Gefühlscharakter.

Nun: Das ist alles sinnlos, wenn man es nur so sieht.

Was in der Welt Sinn hat, tut sich uns auf andere Art und Weise kund: von selbst, umfassend und immer, wie Eckehart sagte (wobei er Gott meinte). Bei uns, in unserem Bewusstsein tut sich das als Sinn kund. Man fühlt es, wenn man darauf achtet.

Sie tut sich kund. Es tut sich kund.

Vergesst nicht die Grunderkenntnis, die hier heisst „Gleichzeitigkeit, immer". Achtet nicht auf die Fakten! Versucht zu verstehen, dass das Wort GLEICHZEITIGKEIT mit keinem Begreifen verbunden ist, sondern das Gegenteil von Begreifen meint!

Auf mich übt GLEICHZEITIGKEIT eine Faszination aus. Sie ist eine Inspirationsquelle, wohl deswegen, weil sie wie nichts ist, gegenwärtig ist und allgemein und MEIN Geisteszustand ohne Widerspiegelung ist.

# DER MOMENT

Der Text in diesem Abschnitt hier entstand schon im Jahr 2002 und ist – wenn man so will – eine Meditation. Meine Haltung war schon damals ikonoklastisch: fort mit nutzlosen Bildern, fort mit nutzlosen Meinungen.

Der Mensch, der sich auf den gegenwärtigen Moment einlässt, muss es ohne Umstände, direkt tun.

Der Moment, der gegenwärtige Augenblick, ist nicht etwas Gedachtes, sondern etwas Tatsächliches. Was ist der Moment von jetzt?

Alles. Weniger als alles. Nichts. Mehr als nichts.

„Der gegenwärtige Moment" oder „der jetzige Augenblick" ist das A und O der Meditation, ihr Sinn und ihr Ergebnis.

Was wahr ist in dieser Welt – in absolutem also spirituellem Sinn – das ist „im Moment" und sonst nirgends. Der Moment, der gegenwärtige Augenblick, ist das Einzige, welches eine Einheit herstellt im Leben.

Der Moment von JETZT ist wie eine Achse, welche in der Mitte all dessen steht, was wir ein Leben lang durchmachen.

Das gilt für das ganze Universum.

Ganz in der Gegenwart leben und den gegenwärtigen Moment erreichen, erscheint vielen Menschen als unmöglich. Um es dennoch zu versuchen, müssen wir es sehr genau nehmen mit dem Moment von „jetzt".

Wir müssen ihn immer kleiner machen. Ich halbiere den damit verbundenen Zeitabschnitt immer wieder, bis nichts mehr da ist.

Das Ziel, das Erreichen des Moments, liegt immer in der Mitte zwischen den Gegensätzen und immer noch ein Stück tiefer. Von Mal zu Mal und immer wieder.

Natürlich muss man vermeiden, etwas zu denken. Denn Denken ist immer ein Vergleichen. Denken ist immer die Aufrechterhaltung einer Spannung von „zwei Dingen", wobei man sich selbst dabei als der eine Pol fühlt.

Die ganze Welt entsteht stets im Augenblick. Und da der Augenblick (oder Moment) immer Augenblick bleibt, entsteht die Welt eigentlich gar nicht richtig, könnte man sagen.

Andererseits entsteht von Augenblick zu Augenblick Vergangenes. Was „ausgespuckt" wurde, erhält eine gewisse Gestalt, die in ihrem Vergehen eine gewisse Dauer hat.

Es entsteht in jedem zeitlosen Moment die ganze Welt, und alle die Dinge, die eine Vorgeschichte und ihre prekäre Dauer haben, erhalten von Augenblick zu Augenblick einen neuen Impuls, der sie in ihrem Vergehen und Dahinschwinden ein Stück weiter bringt.

Alles fliesst. Die Welt gleicht einem Springbrunnen dabei.

Wir Menschen leben als Beobachter im gegenwärtigen Moment. Aber im Kopf sind wir voll von unserer Vergangenheit. So sind alle unsere Beobachtungen der Welt vom kurz zuvor Vergangenen geprägt, wobei alles stets weiter in die Vergangenheit hin fliesst. In allen unseren Erlebnissen, Hoch- und Tiefphasen, sind wir ein Teil dieses Fliessens, wir sind ein Teil eines Strömens, wir gehen mit, und wir vergehen dann.

Der Moment von jetzt ist im gegenwärtigen Augenblick. Wir brauchen kein Verständnis dafür. Der Moment, der jetzt ist, ist so und nicht anders. Wir müssen uns nicht darum kümmern, warum er so ist und wo das hergekommen ist.

Einmal war ich aufmerksam und erkannte, dass die ganze Vergangenheit, die ich und die ganze Welt gehabt hatten, zu diesem einen Moment hat führen müssen, den ich gerade da erlebte.

# ALS SPIEGEL IN DER WELT, DES KÖRPERS WEGEN

GLEICHZEITIGKEIT ist einfach: Wo sie verstanden wird, ist sie nah. Einfach da. Vielleicht bist du in deinem Bewusstsein mit ihr gleich geworden?

In der Regel identifiziert sich der Mensch mit Spiegelungen, die durch seinen Körper gefiltert sind.

Bereits das körperliche Leben ist eine Spiegelung. Das Seelenleben ist eine Spiegelung. Das Denken, das Wissen, das Wollen. All das ist zeitlich und eingegrenzt. Und man ist empört und erschüttert, wenn man merkt, dass es endet, dass der Tod das Spiel beendet.

Bist du ein Spiegel, dann siehst du die Dinge so, wie du sie widerspiegeln kannst. Was du erfasst hast von den Dingen, beruht auf einem Ausschnitt, den du (unbewusst) gemacht hast, weil du nicht ALLES widerspiegeln kannst. So entsteht die dualistische Weltanschauung.

## EINE ILLUSTRATION

"In der frühesten, der goldenen Zeit, wussten die Götter nichts von den Nornen. Damals lebten die Himmlischen in seliger Unschuld, dachten nicht an die Vergänglichkeit noch an die Macht des Geschickes. Aber als sie sich mit Sünde befleckten, kamen aus dem Riesenland drei gewaltige Schwestern.

Sie heissen: Urd, die Herrin des Vergangenen; Verdandi, die das Seiende und Werdende kennt; Skuld, die weiss, was einst sein soll. – Da endete die Zeit des seligen Nichtwissens[1].

Das Zitat zeigt, dass die alten Germanen schon über die Themen „absolute Zeitlosigkeit" und „Leben in der Zeit" nachdachten.

Ein anderes Bild, das wir besser kennen, ist das von Moses: Die Vertreibung aus dem Paradies.

Diese Allegorie wird in der heutigen Zeit kaum mehr verstanden. Da wird von Erbsünde geschwafelt, in der katholischen Kirche geht es sogar noch um Sex. Ach wie peinlich!

---

[1] *Die Nornen*, aus Eckart Peterich: *Götter und Helden der Germanen*. div. Ausgaben

Dabei geht es wie bei den Germanen nur um den Gegensatz von Ewigkeit (Gleichzeitigkeit) und den Zwang, sich von der Zeit abhängig zu fühlen. Es geht um das Austreten aus Grenzenlosigkeit und das Eintreten in ein enges Bewusstsein. Damit zusammenhängt auch, dass etwas Unsterbliches in eine sterbliche Form übergeht.

## DIE BEDEUTUNG DES KÖRPERS ALS ERSCHAFFER DES IRDISCHEN ERKENNENS

Innerhalb der GLEICHZEITIGKEIT alles Geschehens gibt es unzählige voneinander scheinbar getrennte Dinge, die aufeinander einwirken. Sehr grosse wie Galaxien, sehr kleine wie diese Quarks oder wie sie es jetzt nennen.

Alle diese Körper haben eine Wahrnehmung. Alle haben Fähigkeiten, begrenzte Eigenschaften. Nicht nur Lebewesen haben das. Es ist auch die Gravitationskraft eine Wahrnehmung. Planeten haben eine Wahrnehmung. Aber diese Art von „Wahrnehmung" eines Dings bezeichnen wir eher als die Eigenschaft dieses Dings.
Tiere, Pflanzen, Steine, Planeten haben wohl nie ein Problem mit ihrem Dasein. Sie reflektieren

ohne Bewusstsein. Der Mensch reflektiert aber mit Bewusstsein und verdoppelt sozusagen noch das eigene Innenleben. So entsteht ein falsches Weltbild mit Verwirrung. Verwirrung wird nicht als angenehm empfunden.

## AUF DIESER SEITE DES FILTERS

Wie du es filterst – das Absolute – so bist du, sagte jemand. Aber nein! Das ist falsch.
Wie du ausgefiltert wurdest, so bist du, muss es heissen.
Es gibt eine individuelle Ausfilterung. Aus irgendwelchen Gründen wird man mit verschiedenen Begabungen und Kräften in die Zeit hinein „geworfen". Es geht dabei nicht um eine Schuld und nicht um eine Prüfung.
Welcher Philosoph das In-die-Welt-Geworfen-Sein formuliert hat, weiss ich nicht. Ob es Heidegger war? Jedenfalls würde es mich nicht wundern. Ich muss mich bei Kennern an dieser Stelle entschuldigen, weil ich es nicht weiss.

Wurde ich in die Welt „geworfen" oder bin ich insgeheim die Ursache meiner selbst? Merkwürdigerweise glaube ich an das zweite. Ich glaube, es gab vor der Geburt den Wunsch so zu sein, wie ich bin. Das nur nebenbei. Aus der GLEICH-ZEITIGKEIT heraus kann schon ein so seltsamer Wille entstehen.

Ich bin ausgefiltert als Individuum, um begrenzt zu sein. Und wir sind alle – sofern wir leben – in diesem Augenblick zu einem begrenzten Leben geworden.

Es ist kein Fehler dabei, nur ergibt sich daraus eine Spannung: Man ist mit einem Fuss in der Welt und mit einem andern auf der anderen Seite, die keine Zeit kennt.

SCHLAFEN, ERWACHEN

„Die Welt besteht aus EINEM Akt."

Insgeheim ist die Wirklichkeit dermassen einzig und ganz, dass wir ihre Einzigkeit und Ganzheit nicht wahrnehmen. Wir sehen gewissermassen darüber hinweg.

Es gibt Leute, die behaupten, im Tiefschlaf seien wir der GLEICHZEITIGKEIT nah. Andere behaupten: Nein, es ist noch eine Stufe tiefer als der Tiefschlaf. (So etwa Ramana Maharshi)

Wache ich auf, so wache ich zunächst zu meinen Erinnerungen auf, ich wache zu mir selbst und zu meiner Geschichte auf. Was ich bin, wird real, ebenso das Zimmer, das Haus, der Ort, der Tag. Wenn ich aufgewacht bin, ist DUALITÄT da.

Inmitten der GLEICHZEITIGKEIT aller Dinge bin ich in einen Zeitabschnitt hinein erwacht, habe Pflichten, Absichten, Probleme, Pläne, Wünsche. Und jetzt stolpere ich zeitlichen Ereignissen nach.

Ich wache auf zu meiner Rolle. (Dass man als Mensch eine Rolle hat, ist mysteriös.) In meiner Rolle spiele ich meinen Charakter aus, Eigenschaften, Zwänge, mit denen ich sein muss.

WAS IST OHNE WIDERSPIEGELUNG?

Der Schlaf? Für den tiefen Schlaf ist charakteristisch, dass er mich unter das Wachbewusstsein hinunter bringt.

In Indien sagen sie, nur das Atmen sei keine Spiegelung, besonders das Ausatmen nicht.

Nun ist natürlich die GLEICHZEITIGKEIT selbst immer ohne Widerspiegelung.

Die Entstehung der Welt, ihre Entwicklung und ihr Ende finden gleichzeitig statt. Alles geschieht gleichzeitig. Alles auf einmal.

Merke ich das, widerspiegle ich nicht.
Der Geisteszustand ist ohne Denken, sogar ohne

Bewusstheit. GLEICHZEITIGKEIT ist Verblüffung. Aus zwei wird eins. Und kein einziger Nerv in meinem Körper stört.

Es gibt keine Herleitung, keine Erklärung und keine Begründung.

Vergleiche zu ziehen mit etwas, ist nicht möglich, eine Ursache davon findet man nicht. Dass „das Anwesende" immer in allem gleichzeitig da ist: Diese Erkenntnis wirkt angenehm.

Exkurs: ALLGEMEINWISSEN, WISSENSCHAFT

Ich möchte in diesem Kapitel auch noch auf etwas Überpersönliches eingehen: auf das „Kennen und Können". Dieses spielt scheinbar ein Eigenleben.

Der einzelne Mensch kann wie eine primäre Antwort gelten im Kosmos. Er reagiert direkt auf die gleichzeitig anwesende und wirkende Realität. Das gilt für die physische Widerspiegelung. Sodann auch für das Unterbewusstsein wie auch für andere Fähigkeiten wie Bewusstsein, Begabung oder Talent.

Und mit all diesen Fähigkeiten kreiert der Mensch ein kollektives Wissen. Das ist das „Kennen und Können". Dieses ist immer ein Stück weit weg von der Natur, es ist abgeleitet aus der direkt empfangenen Realität, also sekundär.

Kollektives Wissen führt ein scheinbar unabhängiges Eigenleben. Es ist nicht Spiegelung von GLEICHZEITIGKEIT, sondern nur eine Meinungsbildung. Das umfasst Irren, Verwirrung bis hin zu wissenschaftlichem Wissen, welches breiter abgestützt ist und durch Beweise abgesichert ist oder wegen Tiefsinnigkeit einleuchtend ist.

Ich finde, man muss das auseinander halten: die direkte unmittelbare Beziehung zur Wirklichkeit, und die Beziehung zur kollektiven Deutung namens „Kennen und Können". Das Letztere ist einfach wie eine Skulptur, an welcher gearbeitet wird.


Vielleicht sollte ich gar nicht darauf hinweisen, weil es selbstverständlich ist?

Doch bei vielen stehen Wissenskonglomerate wie ein Nebel vor der wahren Erkenntnis. Viele Menschen erliegen der Suggestionskraft von Meinungen, weil sie diese für die einzige Wahrheit nehmen. Das führt zu einer Gefangenschaft wie in einem Spiegelsaal. Viele vergessen so die ständige GLEICHZEITIGKEIT in der Welt. Sie vergessen, wie relativ und tot alles ist, was „Kennen und Können" ist.

Viele vergessen, wo das alles herkommt, woher Inspiration kommt, woher überhaupt Denken kommt. Viele vergessen auch, dass alles im Fluss ist, und dass auch Wissenschaft ständig in Frage gestellt wird. Das gilt natürlich auch für das Allgemeinwissen. Das Leben in GLEICHZEITIGKEIT geht quer durch alle diese sekundären Wissensgebilde hindurch.

Die wirkliche Wirklichkeit hat der Mensch in seinem Innern, da ist die unnennbare Quelle, aus der er hervor lebt. Und von da kommt auch die Kritikfähigkeit, die geistige Freiheit, die Infragestellung von allem Wissen und Können. Der Mensch ist nicht reich wegen seinem Wissen, sondern darin, dieses erneuern zu können durch Ideen, Einfälle, Erkenntnisse. Und so kommt die Menschheit Schritt für Schritt weiter bei dem, was sie abbildet.

GLEICHZEITIGKEIT geht natürlich nie in einem menschlichen Wissensgebilde auf, sondern ist einfach die Wirklichkeit, die die Grundlage dafür bildet. Und ich vermute, dass der Fortschritt bei all diesem Wissen und Können durch Menschen stattfindet, die sich der Leere gegenüberstellen, welche Entleerung kennen, welche übernommene Meinungen in Frage stellen und in ihren Forschungen etwas Neues suchen.

Es gibt das bekannte Beispiel von einem Forscher oder Mathematiker, der an einem ungelösten Problem verzweifelte, ins Bett ging und am nächsten Morgen wusste, wie die Lösung lautete. Das ist typisch, und es wird mit Sicherheit von allen forschenden Menschen immer wieder so erlebt.

Natürlich ist es nicht direkt der Schlaf, der Inspirationen schenkt, sondern vielmehr ein kosmisches, sehr weitgehend unbewusstes Zusammenhängen von Dingen, zu welchem der Schlaf hinführen kann, wenn der Mensch die entsprechenden Fragen stellt. Plötzlich kann eine Erkenntnis ins Bewusstsein gelangen, welche die Wirklichkeit ein bisschen besser widerspiegelt.

Alle Wissenschaften, ob Natur- oder Geisteswissenschaft, versuchen natürlich ständig weiterhin zu verstehen, wie die Dinge entstanden sind oder wie das Verhalten des Menschen entsteht und gewesen ist.

Und so helfen die Wissenschaften uns Menschen manchmal zur Verbesserung der Lebensumstände. Auch wenn Wissenschaften nichts von der

Welt „wirklich" verstehen, also nicht wissen, wie überhaupt etwas entsteht, sind sie wertvoll, weil sie sich mit einem Teil der Machtentfaltung, die wir in der Welt antreffen, auseinander setzen und versuchen, diese Macht zu verwalten und zu benützen.

Es ist bis jetzt nicht nur auf eine glückliche gute Art geschehen. Aber vielleicht können weitere Fortschritte in Wissenschaft und Technik einen Teil der bisher erfolgten Zerstörung der Umwelt wieder rückgängig machen.

Ich wollte in diesem Exkurs den Zusammenhang von „Kennen und Können" mit dem kosmischen Ganzen, der GLEICHZEITIGKEIT, in Erinnerung rufen.

Alles, was wir wissen, ist ein Phänomen innerhalb der GLEICHZEITIGKEIT. Wir Menschen erschaffen diese Wissenskonglomerate und erschaffen doch eigentlich nichts damit, weil es nebst den Eingriffen in die natürlichen Abläufe der Natur nur Abbildungsversuche sind.

Das kollektive Wissen ist wie ein Spuk oder ein Nebelgebilde, das durch die Köpfe der Menschen zieht.

Lassen wir das ruhig durch unsere Köpfe ziehen! Zur gleichen Zeit ist die GLEICHZEITIGKEIT der Inbegriff von Unmittelbarkeit.

# DER GLEICHZEITIGKEIT NACH-SPÜREN

Da wahrscheinlich immer noch die meisten Leser die GLEICHZEITIGKEIT nur für einen Gedanken halten und nicht für eine Wirklichkeit, füge ich noch einige animierende Gedanken hinzu.

Allerdings ist der Ansatz in diesem Kapitel wohl falsch, denn man muss die GLEICHZEITIGKEIT vorher schon kennen, nur dann kann man sie sehen. Von aussen nach innen ableiten kann man sie nicht.


## UMDEUTUNGEN

Das ganze Buch hier ist der Versuch zu einer Umdeutung. Die ganze Welt soll umgedeutet werden und zwar so: Alles, was ist, IST gleichzeitig da, gleichzeitig entstanden.

Die Dinge sind in jedem Moment zur Darstellung in der GLEICHZEITIGKEIT da.

Jedes Ding, und jede Bewegung eines Dings, IST die Darstellung der Zeitlosigkeit.

## IN DEN BEWEGUNGEN

Dass auch in den Bewegungen der Dinge die Gleichzeitigkeit aufscheint, mag erstaunen.

Beispiel:

Ich fahre mit dem Auto durch eine gebirgige Landschaft. In jeder Sekunde bewegen sich die Berge, aufwärts abwärts nähern sie sich, weiten sich oder engen sich als Kulisse.

Das ist selbstverständlich, weil ich fahre. Mein Mittelpunkt bewegt sich. Die Landschaft bewegt sich daher auch. Diese Selbstverständlichkeit braucht keine Erkenntnis auszulösen.

Aus anderen Bewegungen lässt sich vielleicht mehr herauslesen. Bewegungen sind fast immer sprechend. Denn, wenn sich etwas bewegt, ist es Materie, die sich bewegt. Und wer oder was bewegt die Materie? Warum bewegt sie sich? Wer oder was bewegt Menschen, wenn sie sich bewegen?

Was es doch alles braucht, damit eine Bewegung in der Welt zu einer Bewegung wird, die ich wahrnehme! Jede Bewegung geht von einer Matrix aus, tritt aus der gleichzeitigen Matrix heraus (wird zeitlich), das wieder hat Ursachen, aber diese sieht man nicht.

Für mich persönlich ist es anregend, wo der Wind ein Kornfeld oder einen Baum bewegt oder Wolken über den Himmel treibt.

Aber auch bei Menschen – viel näher liegend – kann man sich immer fragen, wie sie dazu kommen, sich zu bewegen, wenn sie sich bewegen. Es geht immer um kosmische Vorgänge.


Ein anderes Beispiel, schnüffelnd nach Sinn, sehe ich

IN LEBEWESEN UND IHREM INNENLEBEN

Lebewesen empfinden, reagieren. Das ist eine phänomenale Vergegenwärtigung des Kosmischen.

Ein Lebewesen ist deswegen ein Lebewesen, weil es 1. auf sich selbst fokussiert ist und 2. dadurch eine gewisse Empfindungsfähigkeit für das hat, was innerhalb und ausserhalb ist. Es ist auch ein elektromagnetischer und chemischer Prozess damit verbunden.

Durch das Zusammenkommen von sehr vielen Faktoren ist jedes Lebewesen ein Beispiel für Ganzheit.

Tiere und Pflanzen stellen aber nicht nur durch sich selbst eine Ganzheit dar, sondern auch dadurch, dass sie in einer bestimmten Umwelt entstehen und mit dieser zusammen leben.

Es ist dabei das gesamte Universum beteiligt: Erde, Sonne, Wasser, Klima, Umgebung, Vorgeschichte. Was wir sehen, ist ein Wunder. Es ist unerklärlich, wie es Bestandteile geben kann, die zu einem Produkt namens Leben führen... und dass diese Bestandteile auch zusammen gebracht werden!

GLEICHZEITIGKEIT ist in unserer Anschauung alles andere als ein Brei oder ein Nichts. Da entsteht eine Ordnung, entstehen Lebewesen. Wir denken, dass es sinnvoll ist. Ich selber glaube allerdings, dass in der erschienenen Welt der Sinn nicht ist, sondern dahinter.

## IN DER SEHNSUCHT NACH DEM GANZEN

Dass der Mensch zuweilen nicht nur ein Mensch für sich allein sein möchte, sondern sich mit der universalen Ganzheit eins fühlen möchte, um zugehörig zu sein, taucht als inneres Bedürfnis auf.

Manchmal tut sich die GLEICHZEITIGKEIT eben als Absolutes kund und infiziert das Denken und die Seelenregungen. Dann kann sich die Sehnsucht auftauchen nach Beendigung unnützen Tuns, unnützen Strebens, unnützer Überlegungen.

Sehnsucht nach Grossem, Grenzenlosem kommt hervor wie der Atem. Der Geist ist nie abwesend. Immer kommt er von zuinnerst heraus, mal so, mal anders.

Vielleicht kann zu diesem Thema die folgende alte chinesische Weltanschauung etwas beitragen:

Das Tao geht über in Yin und Yang (als Grundkräfte im Kosmos) und von da aus immer weiter in die Einzelheiten. Es spaltet sich auf. Die Welt ist nachher zu vergleichen mit einer Auffächerung des Ganzen in ein Spektrum.

Durch unseren Körper und dessen Sinnesorgane erleben wir das Ganze oft als sinnlos zersplittert. Aber weil GLEICHZEITIGKEIT da ist, ist im Kern von uns (und in der Welt) doch ein Sinn.

Die Sehnsucht nach dem „anderen", das ist die GLEICHZEITIGKEIT von jetzt. Darum dichten Menschen. Darum schauen Menschen an den Sternenhimmel in der Nacht. Darum gibt es Fernweh, Heimweh.

Im Kosmos – bei allen Dingen – kann man so etwas spüren wie eine Sonne, die durch den Nebel dringt. Der ganze Kosmos ist eigentlich imprägniert, dicht gefüllt. Wegen seiner gleichzeitigen Entstehung ist alles mit Sinn gefüllt... weil doch alles mit Gegenwart gefüllt ist.

## AN ORTEN WIE HIER

Ein anderes Phänomen, welches uns auf die GLEICHZEITIGKEIT im Weltall hinweisen kann, ist die Tatsache, dass es Orte gibt. Ein scheinbarer Widerspruch.

Das Weltall könnte unfassbar und gestaltlos sein in seiner Zeitlosigkeit: Nun gibt es aber Orte. Vielleicht kann nur der Mensch wahrnehmen, dass es Orte gibt.

Jedenfalls können wir wahrnehmen, dass jetzt etwas HIER GEGENWÄRTIG ist. Man kann auch wahrnehmen, dass an einem bestimmten Ort, an dem man sich befindet, ein Mittelpunkt (der ganzen Welt!) ist. Worum handelt es sich? Immer um dasselbe! Wir haben etwas Universelles lokal vor uns. Der universelle Geist wird lokal durch jeden Ort, und jedes Ding, und ist lokal geworden.

Beziehe ich diese Betrachtung auf mich, dann ist auch der eigene Körper so ein Ort. Ich bin der Ort, an dem sich Gleichzeitigkeit darstellt.

Das Lokalwerden des universellen Geists ist im Christentum besonders gut bekannt geworden in der Person von Jesus. Gott wird im Jesuskind zum Lokalereignis. Dieser Gedanke hätte grossen Erkenntniswert, wenn er nicht auf einen einzigen Menschen, der schon lange gestorben ist, angewendet würde.


## MEIN INNERES ALS DER ORT DER GLEICHZEITIGKEIT

Weiter oben habe ich gesagt, dass wir unsere Aufmerksamkeit gegen aussen richten können und die Gleichzeitigkeit in der Welt erahnen können.

Nun kann man GLEICHZEITIGKEIT auch erfahren, wenn man die Augen schliesst und sich nach innen richtet.

Richte ich die Aufmerksamkeit auf Gefühle, Stimmungen, Meditationsgegenstände, dann bin ich noch in der Dualität. Wer es sich überlegt, wird feststellen, dass auch diese dualistischen (beobachteten) Regungen aus der Gleichzeitigkeit herauskommen.

Das gilt noch deutlicher da, wo ich etwas verstehe. Wo ich verstehe, bin ich immer noch Beobachter. Das ist dualistisch. Aber eben: Wer beobachtet das alles? Ich bin es.

Ich komme später noch einmal aufs Ich zurück, welches ein Synonym für Gleichzeitigkeit sein kann.

Hier will ich nur sagen, dass ich durch meine inneren Beobachtungen der Gleichzeitigkeit nachspüren kann.

Was habe ich da als mein Inneres?

Es geht um eine Art Aura ums Ich herum. Alles, was da im Seelenleben und Gefühlsleben vor sich geht, klebt sozusagen rund ums Ich, ist also ein Teil von Verweltlichung dieses Ichs.

Was heisst da Verweltlichung des Ichs? Ich meine damit, dass unser Ich nicht rein ist. Es sind während des Lebens ungeistige Sachen damit verbunden wie Wünsche, Triebe, Neigungen, Angst, Hass, Eigennutz, Selbstgefälligkeit. Irgendwie muss ja die GLEICHZEITIGKEIT in Fleisch übergehen, nicht wahr. Das tut sie sehr intensiv. Dabei bekommen wir auch so eine Art subjektive Hitze, die uns durchs Leben treibt und Hormone ausschüttet.

Das weist alles wie immer auf die GLEICHZEITIG-KEIT in der Welt hin, jetzt ist sie in ichhaften Regungen aber kaum mehr ersichtlich, nicht mehr erkennbar, ist nur noch durch die Existenz des viel tiefer anwesenden Ichs vorhanden.

## DIE GLEICHZEITIGKEIT HAT SYNONYME

Es gibt eine Gruppe von Wörtern, die sinnverwandt sind. Ich nenne hier: Gott, Ich, Selbst, Herz, Sein.

Da wird DASSELBE mal auf diese mal auf jene Weise zu Sprache gebracht. Alle diese Wörter bezeichnen Weltloses und Zentrales.

Das reine Ich aber ist weltlos, gestaltlos. Es dürfte wohl der Mittelpunkt im Weltall sein, immer GLEICHZEITIG. Eckehart hat beim Menschen von Funke oder Fünklein (Gottes) gesprochen. Es ist ihm nicht in den Sinn gekommen, dass es dabei einfach um die eine und einzige ANWESENHEIT geht, die es überhaupt im Weltall geben kann. Fünklein hin oder her.

Meister Eckhart lebte von 1260 bis 1328.

## GOTT ALS SYNONYM

Ein weiteres Synonym für die Wirklichkeit kann manchmal „Gott" sein, je nach Verständnis.

Hier ein Beispiel aus der Bibel:

Jer. 23.24: „Bin ich es nicht, der Himmel und Erde erfüllt?"

Dieser Gott da, der so schön redet, redet für die GLEICHZEITIGKEIT. Natürlich ist der Kontext bei Jeremia völlig terroristisch und einschüchternd. Das lassen wir weg.

Ich will nur darauf hinweisen, dass Gott manchmal ein Synonym für das zeitlos Vorhandene sein kann, deswegen glauben die Leute an einen Gott. Er ist eine ferne Verkörperung. Wir suchen die nahe Verkörperung. Ich könnte GLEICHZEITIGKEIT (statt Gott) zum Reden bringen, dann würde sie dasselbe sagen: „Bin ich es nicht, die Himmel und Erde erfüllt?" Natürlich tust du das, liebe Gleichzeitigkeit, nur wollen wir dich ja nicht zum sprechenden Objekt machen.

## ÜBERWINDUNG DER ICHSPALTUNG IN DEN RELIGIONEN

Das Ich, das als Gott in der Bibel und im Koran

spricht, ist aus dem Menschen heraus projiziert. Auch wenn es medial wahrgenommen worden ist wie bei den Propheten und auch bei Mohammed, zeugt es von einer inneren Spaltung beim Menschen, der so redet.

Gott hat das eigene Selbst abgesogen, weil es aus dem Inneren heraus projiziert worden ist. Der einzelne Mensch verleugnet dann sehr oft das, woraus er im jetzigen Augenblick heraus lebt.

Diese Religionen führen daher bei den Anhängern derselben oft zu Besessenheit und zu Götzendienst. Aber:

Wo Fremdbestimmtheit und Götzendienst überwunden werden, sind diese Formen von Religionen inspirierend und erhebend. Die Texte können den Gläubigen aus seiner beschränkten Sicht herauslocken.

Im günstigsten Fall geht dann der äussere Gott sozusagen über in das Ich des Gläubigen. Und der Mensch, der das erlebt, erhebt sich über seine Grenzen hinaus; was Gott war, wird im Inneren anwesend. So werden die oft engstirnigen Begriffe und Vorstellungen der einzelnen Religionen überwunden.

## DER ATMAN ALS WELTICH

Vor mehreren Tausend Jahren wurde in Indien entdeckt, dass der Mensch einen zeitlosen Kern hat, ATMAN genannt. Gemeint ist eine in sich ruhende, aber ausstrahlende Einzigkeit, die man nicht zum Objekt machen kann.

Dieses absolute ICH wohnt gemäss diesen Auffassungen nicht etwa im Himmel oder in der Weite, sondern im Herz.

Atman scheint das zu sein, was ich als Ich in reiner Form bezeichne, er, der Atman, ist wohl weitgehend überpersönlich. Er ist letztlich identisch mit Brahman, dem Weltganzen.

Dass HERZ ein spezieller Ort von Anwesenheit ist, weiss wohl jeder Mensch spontan durch sein eigenes Erleben.

Das „Herz" wird oft als leerer Raum umschrieben, als leere Höhle. Wo sich ein Mensch mit seinem „Herz" vereinigt, taucht er in eine begrifflose Welt ein, in eine Leere. Ich denke, daher sind sie auf das Bild mit der Höhle gekommen. Wobei die Höhle auch ein in sich abgeschlossener Wohnort ist, ein Zuhause.[2]

---

[2] Wer sich interessiert für die Lehren in den Upanischaden,

48

## NOCH EIN BILD MIT HERZ

In der katholischen Spiritualität gibt es „Das Herz Jesu".

Da ist es wieder! Es geht um das Herz des Weltalls. Jesus wird von gewissen Leuten als Gott verehrt. Sein Herz ist also ein Gottesherz. „Herz Jesu" meint also eine göttliche Gegenwart. Eine spirituelle Gegenwart. Eine Allgegenwart. Weltzentrum.

Die innigen Andachtsformen sind eine Pflege des eigenen Ichs. Die Andächtigen spüren es ja bei sich selbst, was sie da lieben.


## DAS INNERE WESEN DER NATUR

Wir sind immer noch dabei, hinter der GLEICH-ZEITIGKEIT her zu spüren. Ein weiterer Hinweis kann etwa bei Dschuang Dsi (übersetzt von R. Wilhelm, S.30) gefunden werden.

"Wer es aber versteht, das innerste Wesen der Natur sich zu eigen zu machen und sich treiben zu lassen von dem Wandel der Urkräfte, um dort zu wandern, wo es keine Grenzen gibt, der ist von keinem Aussending mehr abhängig."

---

kann eine gute Einführung finden bei Henri Le Saux/Swami Abhishiktananda. (Die Spiritualität der Upanischaden)

## WO GOTT SPRICHT

Entgegen meinen bisherigen Gewohnheiten will ich jetzt – im Sinn einer dualistischen Fantasie – auch mal Gott sprechen lassen. Ich halte das nicht für eine Anmassung. Es geht nur um eine kleine Fantasie von mir, grössere haben uns Moses, die Propheten und Mohammed hinterlassen.

„Ich erfülle das Weltall. Ich erleuchte alles von innen her. Diesseits und Jenseits sind eines. Wie ich die Geschichte Eures Planeten vorweggenommen habe, habe ich die Geschichte Eurer Seelen vorweggenommen. Ich sehe vorwärts und rückwärts gleichzeitig. Vor mir entsteht alles auf einmal. Alle Gedanken, alle Geschichten, alle Schicksale, alle Seelen auf einmal. Ich bin der Schauspieler, ihr seid das Schauspiel. Überall spiele ich eine Rolle. In dir spiele ich deine Rolle. Ich habe deine Eigenschaften, deine Gestalt, deine Schwächen. Du bist bedeutend. Denn ich habe dich erweckt, weil es Zeit war, dich zu erwecken. Wenn deine Zeit um ist, bin ich derselbe, wie jetzt."

# ABSENKUNG DER BEWUSSTHEIT

Viele glauben ihren Sinnesorganen mehr als ihrem Geist. Sie leben nicht nur mit ihrem Körper und seinen Hormonen zusammen, sondern eine höhere Perspektive macht sie misstrauisch und ängstlich. Sie fliehen.

Es bleibt ihnen nur das diskursive Denken. Diskursives Denken ist Denken in konventionellen Begriffen und angelernten Wortbedeutungen, und man könnte sagen: Es geht von Klischee zu Klischee. „Alle denken so, also muss ich auch so denken."

Es gibt eben Leute, die können nicht wünschen, was Sinn hat. Hätten sie einen Wunsch danach, dann könnten sie sich verwandeln. Das wäre dann so: Die Spannung sinkt, das Bewusstsein ändert sich. Es fängt an, in sich zu ruhen. Das Sein nimmt überhand. Die Jagd endet.

Sinn findet jeder Mensch ohne Umstände bei sich selbst. Die Zitate von Linji weisen darauf hin:

„Ihr sucht ausserhalb nur, weil ihr euch selbst nicht vertraut." Brun (Übersetzer), Ammann Verlag, S.92.

„Euch fehlt das Selbstvertrauen, darum ist euer Geist immerzu auf der Suche. Ihr sucht kopflos euren eigenen Kopf, könnt euch keine Ruhe gönnen. (...) Wirklich ist das Jetzt, es führen keine Stufen dazu." Brun, S.69

"Sich dem ES, das sich natürlich bewegt und wirkt, zu überlassen, das nenne ich Selbstvertrauen; das ist das überschreitende Verstehen." Jarand (Übersetzerin) S.129

In diesen Zitaten sind die Wörter Selbst und Selbstvertrauen betont.

Den Begriff Selbst darf man nicht eng auffassen. Ich vermute, dass Linji auf etwas hinweisen wollte, das „da" ist und auf das man vertrauen kann, aber auf etwas, das „weltweiten" Charakter hat im Sinne von „absolut". Ich denke, es ist die reine Form von „Ich" gemeint.

Wie schon erwähnt, ist GLEICHZEITIGKEIT uns näher, wenn wir in einem schlafnahen Zustand sind, in welchem das Bewusstsein in seiner Unterscheidung nachlässt.

Wenn sich das eigene Bewusstsein in seiner trennenden Schärfe abgemildert hat und in seine eigenen Ursachen hinein abgesunken ist, gibt es einen Lohn dafür. Der Lohn ist das Gefühl, zur ganzen Welt zu gehören. Das ist zu vergleichen (umgekehrt) mit Heimkehr, Heimfall, Herr im eigenen Haus sein.

Dieses Erkennen führt zur Gewissheit, dass alles in Ordnung ist. Es gibt keine Fragen mehr.

Verstehe ich die GLEICHZEITIGKEIT, bedeutet es das Zusammenkommen des Universums an diesem einen Punkt, an dem ich „Ich" bin zur jetzigen Zeit.

Unter Zusammenkommen meine ich: Vorher voneinander getrennte Erscheinungen kommen so zusammen, dass sie ein Ganzes bilden. Das ganze Universum und der Geist eines Menschen.

Das ist der Urzustand der Welt. Alles andere war eine Täuschung. Von der GLEICHZEITIGKEIT gibt es keine Teile und keine Aspekte. Jeder Mensch kann „die" Gleichzeitigkeit plötzlich unvermittelt verstehen. Denn sie ist da.

Ich versöhne mich mit dem, was mir gegenüber ist. Ich versuche, mich keiner Sache entgegen zu stellen, auch nicht einmal den inneren Regungen.

Die Absenkung der Bewusstheit ist sehr weitgehend ein Gehenlassen. Die richtige Formel dabei könnte sein: „Ich lasse SIE gehen." (nicht mich)

Solange man einen Körper hat, bleibt man auf der Erde hängen und nimmt haufenweise unsägliche Dummheiten zur Kenntnis. Die Absenkung der Bewusstheit ist auf jeden Fall eine Wohltat, auch wenn eine mystische Tiefe nicht erreicht wird.

Alles IST gleichzeitig. Ich kann den Glauben an das zeitliche Geschehen aufgeben. Ich muss dem zeitlichen Geschehen nicht mehr die ganze Aufmerksamkeit schenken.

Der Sinn des Weltalls ist wie nichts. Fast wie nichts. Doch gleichzeitig sind alle Werte da, die wir kennen.
Die Welt erfolgt ohne Zeit gemäss dieser Auffassung, aber das, was ohne Zeit ist, ist nicht ohne Sinn. Alles, was für uns Wert hat, ist gegenwärtig. Ich gebe zu, dass es nur in versteckter Weise gegenwärtig ist: als Möglichkeit. Wir Menschen sehen uns in einem Spannungsfeld von Sinn und Unsinn, Wert und Unwert.

Ich denke, wir stellen uns auf die Seite von Wert und Sinn, weil es angenehmer ist. Wo sich ein

Mensch so entscheidet, zeigt sich die transzendentale Führung im Kosmos.

Was ist Absenkung der Bewusstheit?

Eine Übung? Die einen üben sich, die andern warten auf plötzliche Erleuchtung. Es läuft auf dasselbe hinaus. Wer Interesse hat, tut was, die andern können nicht, können es nicht einmal wollen.

## SOLLEN WIR ERLEUCHTUNG ANSTREBEN?

Sogar in der Zenliteratur habe ich oft eine sinnlose Gier nach Erleuchtung feststellen können. Erleuchtung ist sicher etwas Nettes.

In der deutschen Sprache haben wir lustige Wörter gebraucht früher: Da waren höhergestellte Personen „Erlauchte", es gab sogar „Durchlauchte". Das ist auf „Licht" zurück zu führen. Die Letzteren wären also die voll Durchleuchteten.

Es wäre besser, von Verschwinden zu reden in Zusammenhang mit GLEICHZEITIGKEIT.

Als neue Titel für Zenmeister schlage ich vor: O Verschwundener, o du Aufgegangener! (aufgegangen in Gleichzeitigkeit)

Und für hohe katholische Würdenträger schlage ich vor statt Exzellenz, Eminenz, Hochwürden: Eure Nichtigkeit, Eure Niedrigkeit. (Sie sollten ja Gott dienen.)

## ENDE DER ÜBERHEBLICHKEIT

Viele sagen: So wie ich bin, muss ich sein. Meine Aufgabe ist, mich selbst zu verwirklichen. Einige meinen, sie hätten den Geist des ganzen Weltalls für sich gepachtet und der hätte ihnen dann Gefolgschaft zu leisten.

Dem gegenüber möchte ich andere Gedanken äussern:

Wisse, dass du nichts bist, so wie du bist, bist du absolut nichts. Deine Form hat keine Bedeutung, und sie ist bald wieder fort. Erkenne dich als Produkt kosmischer Bewegungen, als Unfreier, als Sklave, als eine Art höheres Affenwesen mit primitiven Instinkten, blöd und egoistisch, als bewegtes Fleisch, durch Triebe ferngesteuert, zum Leiden geboren. Erkenne, dass keine deiner Absichten und Wünsche irgendetwas Edles sind und dass du eine Verzerrung des wahren Geistes bist. Erkenne deine Niedrigkeit. Erkenne, dass du im Weltall eine winzige, vergängliche Rolle spielst. Du bist nicht im Geringsten gottesähnlich, sondern einfach primitiv und unwissend.

Dein Bewusstsein dient nur deiner Überheblichkeit.

## ENTSCHULDIGUNG

Ja. Und in diesem Sinn entschuldige mich für meine eigenen Niedrigkeiten, für meine Überheblichkeit und Selbstsucht, für meine Geltungssucht, Habgier und Eitelkeit. Ich entschuldige mich für mein Unwissen. Ich entschuldige dafür, dass ich überhaupt ein Bewusstsein habe. Aber ich entschuldige mich für dieses Buch nicht. Denn es wäre ein Widerspruch zu meiner inneren Natur, wenn ich dafür nicht dankbar wäre.

## SOFORT ALLES

Sofort das ganze System, das GANZE! Millionen mal Millionen Dinge sind EINES! Doch statt so hochtrabend zu denken, schau besser auf deine aktuelle Stimmung. Sie ist das EINE, ist die Gegenwart des ganzen Universums. Dessen GLEICHZEITIGKEIT ist in der Stimmung, die du gerade hast: elend oder glücklich oder öde und was immer sonst.

## DU BIST AUCH EIN ORT

Gleichzeitigkeit ist überall, daher ortlos. Aber nun wie immer der Gegensatz:

Du selbst bist ihr Ort. Schäme dich nicht, nur an einem Ort zu sein und nicht überall! und nicht das Ganze!

Wenn du jetzt die GLEICHZEITIGKEIT erfassest, so ist es unwichtig, dass es an einem kleinen Ort geschehen ist.

Ich glaube, es gibt nur die EINE Erkenntnis von Zeitlosigkeit, nämlich diese. Schäme dich nicht, wenn es in deinem Leben zeitlich weitergeht.

Es ist belanglos, ob es zeitlich weitergeht, ob es an deinem Ort stattfindet oder an anderen Orten.

## OPFER

Früher brachten die Leute ihren Göttern Opfer dar. Ihre besten Besitztümer brachten sie dar. Um höhere Mächte zu beeinflussen! Ich glaube, das waren Bestechungsversuche.

Wirkungen von Opfer gibt es aber auch heute noch. Aber unsere Opfer heutzutage wären nicht Stier, Pferd, Schaf oder Geiss. Was heutzutage zu opfern ist, besteht aus Bindungen wie Erinnerungen, Beziehungen, Selbstbild, Gier, Besitz, Angst, Wissen, Absichten. Das Opfer ist: Loslassen.

## INNESEIN

Al Halladsch (er lebte ca. 900 in Bagdad) sagte sinngemäss, man dürfe nie vom Einssein sprechen ... nie Einssein empfinden. Es muss einfach sein.

(Ich kenne die Stelle nicht mehr, aber sie ist berühmt. Diese Stelle erklärt, wie ich eingangs erwähnt habe, den Übergang von dualistischer Mystik in die monistische.)

# WAS BRINGT DER TOD?

In diesem Kapitel möchte ich mich mit dem Tod und den Folgen davon auseinander setzen.

Das Sterben ist ein objektiver Vorgang, der vom Körper her ausgeht. Die GLEICHZEITIGKEIT zeigte sich in Kräften, die den Körper zum Leben brachten. Sie zeigte sich in Kräften, die diesen Körper am Leben hielten, sie zeigt sich dann als eine Abschwächung dieser Kräfte bis zum Aufhören der Lebensfunktionen. Das geschieht alles gleichzeitig ... sofern wir von den zeitlichen Aspekten absehen. Inmitten der GLEICHZEITIGKEIT sind die Erscheinungen gleichzeitig. (...wenn wir von der eigenen Betroffenheit absehen, die zeitlich ist.)

## DER STERBEVORGANG AUF DER ERDE

Beim Sterben geht es in erster Linie darum, dass ein Zentrum, das man ist oder gewesen ist – das Ich – aus dem Körper weggeht. Das heisst: Ich verlasse die Lebensumstände, ich kann den Körper nicht mehr beleben.

Die Körperfunktionen hören auf. Der körperbezogene Kreislauf hört auf. Damit wird das Ichbewusstsein, wenn es weiter besteht, nicht mehr an einen Ort und eine Zeit gebunden. Die irdische, weltliche Umgebung verliert ihre Bedeutung und ihren Einfluss oder anders gesagt: Die Welt verliert ihre Suggestivkraft. Sie entschwindet.

Im Gegensatz dazu steht das Ich.

Wo gehe ich damit hin? Habe ich noch immer meine Selbstbezogenheit? Habe ich sie nicht? Und wenn doch, unter was für Umständen?

Etwas wird sich mit Sicherheit ändern.

Vielleicht fällt schuppenweise von mir ab, was eine Grenze gewesen ist? Die Sicht erweitert sich. Sollte alles (für mich) vergehen, dann ist am Ende kein Bericht mehr darüber möglich. Und ich bemerke bei diesem Verlöschen keinen Verlust.

Eine andere leicht veränderte Vorstellung zeigt nicht das Wegfallen von Grenzen, sondern die Ausweitung der Fähigkeiten. Der Tod des Körpers wischt allein schon viele Grenzen weg. Hier nun aber dringt so etwas wie Sinnesfähigkeit (Wahrnehmung) von innen her über alles hinaus. Es ist nicht der Rückzug auf den einen Punkt der Fall, sondern die Erweiterung ins All. Auch das führt zur Wiederherstellung von Einzigkeit oder Ganzheit.

Sehr wahrscheinlich sind beide jenseitigen Prozesse gleichzeitig möglich.

Eine dritte Alternative könnte sein, dass es keine jenseitigen Prozesse gibt: Ein sofortiges Erlöschen im Ganzen nach dem Tod. Eine plötzliche Nichtreflexion, ein plötzlicher Endzustand. Hier hätten wir schlicht und ganz keine Zeit, keine Veränderungen. Reine Gleichzeitigkeit.


So wie die geistige Welt ist, ist alles möglich. Sehr wahrscheinlich gibt es Entwicklungen, die von Mensch zu Mensch verschieden sind. Ich kann nicht beurteilen, wo ein einzelner Mensch einen besonderen Lebenswillen und Ausdruckswunsch verkörpern will.


## FORMEN UND GRENZEN DES FORTLEBENS

Geboren ist der Mensch worden als eine Art Welle oder Wirbel im Universum. Ein sehr komplizierter Vorgang ist es, der Ort und Zeit, eine bestimmte Seele, einen bestimmten Körper und die gesamte Vorgeschichte von allem enthält. So kommt ein Kind an einem bestimmten Tag auf die Welt als Zeiterscheinung inmitten der Zeitlosigkeit.

Dieser Wirbel ist auch während des irdischen Lebens aktiv. Und nach dem Tod des irdischen Teils dieser Erscheinung kann dieser komische „Wirbel" weiterhin wirken.

Ein Fortleben nach dem Tod könnte eine Art Fortsetzung dieses Kräftewirbels unter veränderten Umständen sein. Ich denke, es wird eine Eigenrotation sein. So eine Eigenrotation dreht sich um sich selbst (um das Ich). Es ist auch jetzt der Fall als eine der unzähligen Bewegungen, die in der GLEICHZEITIGKEIT stattfinden. Dieser „Wirbel" ist ein Leben auf dem Planeten Erde geworden. Und jetzt, nach dem Tod? Wirkt der Wirbel – dieser Wille – woanders weiter?

Wenn es der Fall ist, dann vermute ich, dass die Realität im "Jenseits" aus Vorstellungen oder Projektionen bestehen wird. Der Wirbel oder Wille strahlt noch immer in eine (nun „jenseitige") Umgebung aus. Damit bildet er sich wohl einen Feinkörper.

## DIE WELLE VEREBBT LANGSAM

Im Jenseits könnte es mit Vorstellungen und Wünschen weitergehen, welche projizierte Realitäten schaffen, und es könnte jede Vorstellung, jeder Wunsch sofort „wie" Realität werden. Das Jenseits hätte den Realitätswert von seelischen Regungen. Also du kannst deinen Besitz erhalten: das Ich, das geliebte, deine liebsten Empfindungen, deine geliebten Erinnerungen, deine Wünsche, Sehnsüchte.

Willst du, dass du dich an deine individuellen Lebensgeschichte erinnerst? Fürchtest du Bestrafung durch Gott? Willst du Engel als Begleiter? Möchtest du deine früheren Haustiere und Verwandten sehen? Jeder Wunsch (Vorstellung) könnte in Erfüllung gehen. Aber auch jede Angst könnte konkret werden.

Das Jenseits in dieser Vorstellung wäre von innen her gesehen wie ein Diesseits, aber es hinge in der „Luft". Deine Identität im „Jenseits" wäre identisch mit dem, was dich immer schon von innen her antreibt und die Selbsterhaltung bewirkt. Aber jetzt bist du nicht mehr in Konfrontation mit den harten Realitäten einer Aussenwelt. Nichts erscheint dir als ein Objekt. Du lebst, aber dein Gegenüber lebt nicht.

Der Zustand des fortlebenden Wesens könnte sehr labil sein.

Ausserdem kann dieses fortlebende Seelengebilde nicht gleichbleibend und ewig sein, wie oft gesagt wird. Warum nicht? Wegen der Begrenztheit. Wo ein eingegrenztes Bewusstsein existiert, hat es einen eingegrenzten Körper (Feinkörper), es ist also Zweiheit vorliegend. Es gibt Bedingungen, Es gibt bedingende Kräfte und ändernde Kräfte. Eine Art von Zeit.

Im Jenseits mit einem Selbsterleben könnten ähnliche Begrenztheiten wie hier zu ähnlichen Schwierigkeiten führen. Erst mit der Zeit würden sie abklingen und sich verwandeln und ganz vergehen.

Wenn alle Grenzen fallen, die Eigenrotation aufhört, das Eigenbewusstsein immer weniger spiegelt und immer mehr von ALLEM an diese Stelle tritt, dann ist ein Verschwinden in der GLEICHZEITIGKEIT möglich. Das ist ein Verschwinden in einem Nichtdenken.

Dann ist keiner ist da, der das sieht und wahrnimmt, niemand erwartet dies als ein Ankommen. Da ist kein Bedauern, da ist kein Verlust. Kein Gegenstand mehr da. Keine Zeit.

Wenn man in den Büchern liest, gibt es noch verschiedene andere Aussagen über den Tod und das Fortleben. Einzelne Kirchen und Religionen tun sich hervor durch Schreckensfantasien. Sie erhalten sich aufrecht durch die Erzeugung von Angst bei intellektuell Schwachen und wehrlosen Kindern.

Einzelheiten von einem jenseitigen Leben werden oft grotesk und lächerlich dargestellt.

Was zu beachten ist: Immer entsteht in irgendeiner Form die Vorstellung von einer WIEDERGEBURT. Auch das Fortleben in einem Feinkörper (siehe oben) wäre so eine Wiedergeburt. Denn der Mensch verlässt ja zuerst den Körper und – wenn es ein Kontinuum gibt – dann gäbe es ein Leben in einem Feinkörper.

So ein Körper kann allerlei sein: ein Geistkörper, Gespenstkörper, Büsserkörper, Engelkörper, Tierkörper, Wahnkörper.

Im Christentum ist von einer einzigen Wiedergeburt die Rede. Woanders gehen die Vorstellungen weiter und umfassen eine Kette von Wiederverkörperungen.

## DAS TIBETANISCHE TOTENBUCH

Wie immer bei solchen Themen ist ein Hinweis auf das Tibetanische Totenbuch am Platz.

Dort wird eine frisch verstorbene Seele als verwirrt und geängstigt geschildert. Daher wird die Seele der Verstorbenen betreut und auf den richtigen Weg geleitet.

Die Seele des Verstorbenen durchfährt sonst so etwas wie eine Geisterbahn mit einem schrecklichen Ende oder flieht schnurstracks in einen neuen Körper zur Wiedergeburt. Beides möchten die Tibetaner, wenn möglich, verhindern.

Das Tibetanische Totenbuch schildert die mögliche Irrfahrt der verstorbenen Seele im Sinn eines geistigen Zerfallsprozesses.

Zuerst gibt es die GLEICHZEITIGKEIT (also Erlösung des Geistes), dann aber, weil diese dem Träger der Seele entgleitet – weil sie zu hell ist oder zu abstrakt – gerät die Seele in einen Verweltlichungsprozess hinein.

Das heisst: Sie sinkt ab ins Körperliche und in die Wiedergeburt. Doch eine Wiedergeburt muss nicht einmal mehr in einem menschlichen Körper stattfinden. Es kann auch sein, dass man ein Tier sein muss oder ein böser Geist, ein Dämon. Und es ist auch nicht klar, ob man überhaupt auf dem Planeten Erde wieder geboren wird. Es gibt noch andere Orte.

Hier haben wir ein Beispiel dafür, dass „das Jenseits" eine Geisterbahn des Schreckens sein könnte. Auch die semitischen (Moses und später) Religionen kennen das in Form der Drohungen des bösen Gottes mit Gericht, Rache, Folter, Feuer, Mord und Totschlag. Der Teufel ist die Kehrseite dieses Gottes.

## NAHTODERFAHRUNGEN

In den letzten Jahren wurden viele Nahtoderfahrungen (das sind nicht *Nach*-toderfahrungen) gesammelt. Es kommt in diesen Berichten in der Regel folgendes Muster vor:

Der Fast-Tote löst sich vom Körper, behält aber die Sinneswahrnehmungen, erhält oft sogar erweiterte Sinneswahrnehmungen, geht dann vom Körper weg und zwar in ein Licht hinein. Und in jener Welt des Lichts wird Liebe, Geborgenheit, Vollkommenheit zur Tatsache. Der Fast-Tote ist jeweils dabei, sich in diese andere Wirklichkeit aufzulösen und ist glücklich. Doch dann muss er noch einmal in den irdischen

Körper zurück, weil dieser wieder zu leben an-fängt.

(Es gibt Varianten bei diesen Erfahrungen.)

Ich deute diese Berichte so:

Im Tod ziehen sich die Sinnestätigkeiten (also ich mich) aus dem Körper zurück. Als letzte mögli-che Wahrnehmung erscheint Liebe und Licht. Die GLEICHZEITIGKEIT erscheint in diesen Schil-derungen als Liebe und Licht. Vielleicht macht das ein wenig klar, was mit GLEICHZEITIGKEIT gemeint ist. Die Leute stellen sich das zu sehr wie etwas Totes vor.

Solange sie, die GLEICHZEITIGKEIT, noch ein Gegenüber ist – also noch etwas von Zeit gilt – begegnet sie als Liebe und Licht. Das wäre dem-nach die AURA um die Zeitlosigkeit herum, so-lange sie noch nicht ganz erreicht ist.


OHNE SORGE

Wenn man sich sorgt um das eigene Fortleben, dann lebt man nicht eins mit dem Sinn: nicht mit GLEICHZEITIGKEIT im Sinn.

Warum eigentlich sorgt man sich? Wegen dem Abbruch der Geschichte und dem Verlust der Beziehungen? Wenn man älter ist, geht es oft Lappalien: Ich muss den Blümlein Wasser geben. Ich muss der Katze Futter geben. Ich habe zu wenig Unterhosen. Frau Dingsda hat weggeschaut, statt zu grüssen. Die Aktien gehen runter an der Börse. Das Wetter macht Kopfweh. Ich habe Rheuma.

Ein echtes Verlöschen ist nicht schlimm. Vielleicht müssen wir achtgeben, dass uns nach dem Tod nicht fremdartige Kräfte mitreissen: Neigungen, Schulden und Wünsche, die wir selber erzeugt haben.

In den folgenden Abschnitten folgen noch weitere Ideen und ein paar Zitate zum Thema Tod.

## DAS PFAND

Was bedeutet es, dass wir von unserem eigenen Tod wissen?

Der Tod ist ein Pfand. Der Tod ist das Pfand, das uns zurückgelassen wurde, damit wir sicher sein können, dass nichts so bleibt, wie es jetzt ist. Das

Pfand meint: Du wirst erlöst werden. Es bleibt nichts so, wie es ist. Du wirst heimkehren.

## ZITATE

"Gott hat die Geschöpfe ausgelöscht, aber in ihrem Wesen haben sie niemals existiert und in ihrem Verlöschen bleiben sie bestehen. Wenn sie zunichte werden, kehrt das Wesen zu Gott zurück. Dann ist ER der gleiche, der ER war, ehe sie wurden. Der Dienende scheint niemals existiert zu haben, und Gott ist, als habe niemals etwas aufgehört zu sein."[3]

Im TRAUM, aber halbwach, vernahm ich einmal:

„Alles fällt auseinander.
Geist wird zu Geist.
Körper wird zu Körper.
So ist die Ordnung.
Es braucht nichts dazwischen.

------

[3] Abdol-Karim Gili oder Jili (14.Jh.) nach dem Buch "Sufismus" von V.J.Khan, S.103

Es gibt auch keine Lehre mehr dazwischen."

Eine tief-friedliche Ordnung war vorhanden. Ich erkannte, dass das Leben von selbst weggeht. Probleme entstehen deswegen nicht. Die Vermischung von Körper und Geist ist nicht dauernd.

Daher:

„Geist wird zu Geist. Körper zu Körper." Diese Trennung wird von selbst erfolgen. Doch im Traum war auch die Aussage enthalten, dass es gut ist, wenn der Mensch gelernt hat, sich auf die Seite des Geistes zu stellen.

ZITAT von Rumi:

Vielleicht inspirierte folgendes Zitat von Rumi den erwähnten Traum?

> „Wir, angehäuft wie die Ernte,
> Korn und Stroh vermengt:
> eilt herbei und trennt die Spreu vom Weizen,
> denn es weht der Wind der Seele,
> damit Trauer sich zur Trauer finde,

Freude sich mit Freude paare,
damit Lehm sich mit Lehm verbinde
und das Herz zum Himmel steige."[4]

Was „Herz" genannt wird, kann zum Himmel steigen. Körper wird zu Verwesung.

GEDICHT aus ägyptischer Vergangenheit.

> "Der Tod steht heute vor mir, wie wenn ein Kranker gesund wird, wie wenn man wieder hinausgeht nach einem Unfall. Der Tod steht heute vor mir, wie der Duft von Myrrhen, wie wenn man unter einem Sonnensegel sitzt an einem windigen Tage ...Der Tod steht heute vor mir, wie wenn man sich sehnt, sein Haus wiederzufinden, nachdem man viele Jahre in Gefangenschaft verbracht hat." [5]

(Ein schönes Bild, allerdings kommt die Gleichzeitigkeit nicht vor! Schade, sonst hätte ich mich auf die Alten Ägypter beziehen können.)

---

[4] (Rumi: hg. Cyrus Atabay, Die Sonne von Täbriz , Verlag Eremitenpresse,, 1988, S.8)
[5] Inschrift auf einem Holzsarg. (in NZZ 17-18.Feb.1979)

HUANG-PO neigt eher wieder dazu, die Gleichzeitigkeit zu preisen:

> „Könnte der gewöhnliche Mensch,
> wenn er im Sterben liegt, nur die fünf
> Elemente des Bewusstseins als leer er-
> kennen und ganz erfassen, dass die vier
> physischen Elemente nicht ein »Ich«
> bilden, dass der wahre Geist ohne Form
> ist und weder kommt noch geht, dass
> sein Wesen weder mit der Geburt be-
> ginnt noch mit dem Tod vergeht, son-
> dern ganzheitlich und unbeweglich in
> seinen Tiefen ist, und dass der Geist
> eins ist mit den Erscheinungen der
> Umwelt, dann würde er blitzartig Er-
> leuchtung erlangen."[6]

## OHNE DENKEN

Die Erkenntnis, dass alles Geschehen (und auch
das eigene Kommen und die eigene Lebensgeschichte) im Anfang des Universums schon enthalten war, mit samt dem gegenwärtigen Moment und dem Ende des Universums, versetzt

---

[6] Huangpo ("Der Geist des Zen" Nr.18, S.58/ Barth-
Verlag)

mich in einen Zustand ohne Denken, ohne Unterscheidungen, ohne Vergleiche.

von GERHARD TEERSTEGEN:

> "Müder Geist, nun kehr zur Ruh
> Und vergiss der Bilder alle;
> Schliess die Augen sachte zu;
> Was nicht Gott ist, dir entfalle
> Schweig dem Herrn, halt ihm still!
> Dass er wirke, was er will."

# SIE HAT SICH BEWEGT, UND ICH BEWEGE MICH

Ist alles prädestiniert, vorausbestimmt?

„Von Absolut her gesehen" gibt es nur „DIE GLEICHZEITIGKEIT" selber, allein.

Daraus heraus entsteht (für uns) die zeitliche Welt, die nicht absolut ist, sondern Änderungen unterliegt. In diesem Kapitel überlege ich mir, was man sowohl zum gegenwärtigen Zustand wie auch zu den zukünftigen Änderungen der Welt sagen könnte.

Dann geht es skizzenhaft auch um die Basis für die eigene Verantwortung.

Wir müssen uns bewusst sein, dass wir eine „geprägte Form" sind. Es ist der Kosmos, der uns zu einer geprägten Form macht. Insofern gibt es Abhängigkeiten, die als Prädestination bezeichnet werden. Mir scheint aber, dass aus GLEICHZEITIGKEIT heraus nicht nur Vorausbestimmtes, sondern auch Freiheit entsteht.

Der Themenreigen hier ist entmutigend komplex. Ich erlaube mir, mit einer Art „mystischer Pauschalisierung" daran heran zu gehen.

Ja, die Welt ist gleichzeitig, sie ist AUS EINEM STÜCK. Aber sie tritt uns zersplittert und vereinzelt in Erscheinung. Und dieser Effekt hat seine Ursache in einer Zwischenschicht. Ich nenne sie KEIMSCHICHT.

## DIE KEIMSCHICHT

Diese Keimschicht ist die Mutter aller Dinge. Die GLEICHZEITIGKEIT bleibt, wie sie ist, aber sie kippt aus unserer Sicht um ins Zeitliche. Und kurz bevor sie zeitlich wird, muss es eine Gerinnung geben. Es ist zu vergleichen mit der Herstellung von Milchprodukten. Man gibt Enzyme und Bakterien in die Milch hinein, und die Milch gerinnt, es kommt je nach dem Yoghurt, Quark oder Käse heraus.

Die Keimschicht als Mutter für alle Dinge steht demnach zwischen der amorphen GLEICHZEITIGKEIT und der Geformtheit derselben zu Gestalten. Natürlich denkt man jetzt an KARMA.

Soweit ich es verstehe, ist Karma die Ansammlung von Wirkungen. Wie diese Wirkungen sich dann als Keime auswirken, ist in Einzelheiten nicht bekannt. Aber die indischen Mystiker haben immer wieder vermutet, dass ein Einzelschicksal oder ein Einzelkörper mit Karma zusammenhängen könnte.

Diese Keimschicht ist vermutlich interaktiv, wie man heute sagt. Das heisst: Sie trägt nicht nur Willen in sich, sondern lässt sich zu neuem Willen verändern.

In der Keimschicht sind alte Ideen gespeichert, die Keimschicht besteht aus ihrer eigenen Geschichte. Es ist ein Gebilde, das aus der Essenz von vergangenen Momenten gebildet wurde. Sie ist erregt durch das, was sie enthält. Ich denke, man kann sie kreativ nennen, weil das Geringste in der GLEICHZEITIGKEIT sich sofort auswirken kann zu Vergegenständlichung.

Und dann geht also das EINE in einen Gerinnungszustand über. Das Eine geht in Vielfalt über, wegen den Keimen. Es erfolgt jetzt die Auffächerung in die Spiegel, in die einzelnen Formen und Körper. Mit den Gestalten und Lebewesen zusammen entsteht so auch die Zeit für diese Gestalten und Lebewesen.

Wahrscheinlich geschieht alles in grösster Leichtigkeit wie von selbst. In gewissen asiatischen Denkrichtungen gilt ja die Welt als eine Nichtigkeit, und alle Formen gelten als leer. (Nur die Formen).

Vielleicht geht alles gedankenschnell. Andere reden auch von der Spukhaftigkeit unserer Welt. Andere bezeichnen die Welt als „Traumwelt".

Wenn die Welt auch im Geist „leicht" und „von selbst" entsteht, scheint sich ein Teil dieser Geschichte über Milliarden von Jahren hin zu ziehen. Aus unserer Perspektive meinen wir es jedenfalls.

## ICH: PRÄDESTINIERT ZU LEBEN

Aus der Keimschicht bin ich gekommen. wie alles, wie alle Menschen.

Lange genetische Ketten, kulturelle, psychische und wahrscheinlich sonst noch andere lange Ketten von vergangenen Momenten sind beteiligt gewesen. Und jetzt, an einem Punkt im Weltall, in einem Moment im Weltall, mitten in den herumschiessenden Partikeln, die durch alles hindurch gehen, bin ich da. Vielleicht bin ich nur ein Gedanke in der Keimschicht gewesen. Aber jetzt bin ich an einem Ort, sitzend auf einem Stuhl usw.

Was da ist, also auch der Mensch, kommt aus der Zeitlosigkeit in die Zeit herein, um eine zeitliche Erscheinung zu sein und um eine Darstellung für die jetzt aktuellen Momente abzugeben.

Und nun könnte es so aussehen, als ob alles geplant und vorausbestimmt wäre.

## IST ALLES EIN RÄDERWERK?

Ich hatte mal folgende Vision: Die Welt ist ein gewaltiges Räderwerk, wie ein Uhrwerk, in welchem alle Teile zusammengehören und in dem sich alle Teile gleichzeitig bewegen. Das war eine schöne Vision.

Eine Momentaufnahme war es.

Das Bild enthielt viel Seele und Gefühl, und jetzt nachträglich kommt es mir vor wie ein Bild für die GLEICHZEITIGKEIT, aber mit unendlichen Rädern. Dabei war die gegenseitige Verzahnung der Räder ein Abbild für den weltweiten Zusammenhang der Realität.

Ich habe eine Zeit lang aus dieser Vision auch ableiten wollen, dass alles prädestiniert ist. Aber das ist falsch. Das Bild zeigte nur einen weltweiten Zusammenhang in einem merkwürdig verständlichen Bild.

## ES GEHT DYNAMISCH WEITER

Prädestination ist das, was im jetzigen Moment zustande gekommen ist und soeben wirksam ist. es lässt sich nicht ungeschehen machen.

Aber im jetzigen Moment bemerken wir eine Präsenz oder Gegenwart, die nicht abhängig ist vom Körper. Eine Spannung ist da. Der jetzige Moment ist eine kreative Situation.

Darum kommt mir die Fortsetzung meines Lebenslauf nicht total prädestiniert vor. Gerade die Situation, in die ich geboren bin und die ich antreffe, macht mich aktiv. Wie? Es kann sein, dass ich anfange, um meine Identität zu kämpfen, vielleicht kämpfe ich gegen die Langweile, oder ich wehre mich gegen das, was mich bedrückt. Oder es regt sich Zuneigung, Liebe, Begeisterung. So geht die Tatsache meiner eigenen zeitlichen Existenz über in die Mitgestaltung. Ein Mitgestalter bin ich auch dann, wenn ich mich erneut verirre.

Es geht nicht um absolute Loslösung aus allen Bedingungen. Die gibt es nur in der GLEICHZEITIGKEIT. Lebe ich aber in der Welt, geht es immer um Wechselwirkungen. Alles, was in Bewegung ist, stösst irgendwann mal an und wird umgelenkt. Das gilt in der Physik, in der Astronomie, in der Biologie. Es gilt auch in der Menschenwelt. Es stösst bei mir etwas an, oder ich stosse bei anderen an. Handle ich oder handle ich nicht? Es gibt laufend Veränderungen im Verhalten und auch im Denken. Man setzt Gedankenketten nicht unendlich fort. Es fällt einem Neues ein.

Die Determiniertheit mag das eine sein, das andere ist das Leben. Natürlich bin ich im jetzigen Moment eine Wirkung von Ursachen, gleichzeitig bin ich aber auch die Ursache von Wirkungen. Alles, was ich mache oder unterlasse, wirkt auf das ganze Weltall ein, genauso wie das ganze Weltall ständig auf mich einwirkt.

Die Folgen meines Handelns gehören dann wieder ins Weltganze, das aus EINEM STÜCK ist. Das Gesamtbild der Erscheinungen wird leicht verändert.


## ALLES WIRKT AUF DIE KEIMSCHICHT EIN...

Jede noch so kleine Veränderung betrifft das ganze System. Die Veränderungen finden in der Keimschicht statt. Ich habe weiter oben gesagt, dass ich mir die Keimschicht als äusserst dynamische Transformationsschicht vorstelle. Sie transformiert von dort nach hier und von hier nach dort.

Weil alles zusammenhängend ist, kann man auch ethische Grundsätze finden. Ich nehme an, eine persönliche Ethik wird sich danach ausrichten, wie nah oder wie fern das Bewusstsein von GLEICHZEITIGKEIT ist. Ist sie nicht die innere Freiheit?

Natürlich kann GLEICHZEITIGKEIT nicht von allen gleich mystisch tief erfasst werden. Aber wie ich schon oben sagte, gibt es Synonyme; es gibt ein Leuchten daraus heraus, welches beim Menschen direkt ankommt. So sind Selbst, Ich, Herz, Bejahung, Freude, Glück einfache und bekannte Seelenzustände.

## ... UND AUF DIE KULTUR

Wer nicht zu glauben vermag an eine spirituelle Welt und deren Keimschicht, für den kann ich ein weniger spirituelles Beispiel nennen, wo man dasselbe Prinzip sieht: die Herausbildung einer Keimschicht (Matrix).

Es geht um die Kultur. Kultur wirkt sich auf andere Menschen aus. Kultur ist eine Matrix für die Lebensumstände kommender Generationen.

Man hat da ein gewisses Niveau, man kann es übernehmen, muss nicht immer von vorn beginnen in der Steinzeit.

Da vermutlich noch länger Menschen auf der Erde leben, ist Kultur als Matrix eine Aufgabe, an der wir arbeiten müssen. Das ist es gerade, was ich mit diesem Buch ebenfalls machen wollte. Freiheit, Menschenrechte, Aufklärung, Schönheit, Kunst, Erhebendes, Wahrheit … das kommt in objektiver Form nicht von selbst zustande.

Dass das Leben auf der Erde noch lebenswert ist und sich die Leute nicht unablässig umbringen, ist auf die GLEICHZEITIGKEIT zurückzuführen. Daraus kommen Werte, und die sind beim Menschen angeboren. Es entsteht auch in der Menschenwelt unterschwellig ein Zusammenhalt. Wie sollten Menschen sonst auf Extreme reagieren und vielleicht auch globale Fehlentwicklungen korrigieren, wenn sie nicht eine Spur von Sinn in sich hätten?

## MORAL UND GESCHMACK KOMMEN GLEICHZEITIG MIT UNS

Bei Menschen sind Werte allerdings nicht abstrakt angeboren. Angeboren ist ein Sensorium, ein Gefühl. Der Mensch kann von innen her wahrnehmen und beurteilen, was höheren Werten entspricht und was nicht.

Immanuel Kant hat den kategorischen Imperativ formuliert, der zusammenfassend lautet: Was du nicht willst, das man dir tu, das füg auch keinem andern zu.

Aber ich finde, diese Formel vereinfacht, und ausserdem ist sie nicht erlebt, sondern nur als ein gemeinsamer Nenner zurechtgedacht. Wenn es um Moral gehen soll, muss ein innerliches Empfinden geweckt werden. Dieses ist es, welches transzendental und überzeitlich ist.

Dann gibt es noch das andere Sensorium, welches das betrifft, was schön ist. Hier geht es ebenso um eine Art Selbstgefühl, d.h. um ein inneres Empfinden. Aber beim Schönen können sich die Leute weitaus weniger einigen als beim Guten.

Ich glaube, die meisten Leute finden sich gegenseitig geschmacklos. Zum Glück bleibt das meistens ohne Folgen. Man wird ja kaum je tätlich gegen Leute, die schlechten Geschmack haben. Man geht ihnen nur aus dem Weg.

Soweit also diese recht pauschalen Bemerkungen zu den Themen Abhängigkeit und Freiheit sowie Ethik und Ästhetik.

Das, was hier die GLEICHZEITIGKEIT genannt wird, ist immer – unter allen Umständen – unser Rückzugsgebiet und die wahre Wirklichkeit. Daran sollte man stets denken.

Wir können sie ganz haben. Aber wenn das normale Leben weitergeht, können wir sie eher nur unbewusst haben oder gleichsam wie eine „Hintergrundstrahlung" wirken lassen.

Immer – auch für die, die es nicht wissen – gibt es dieses sehr gnädige Leuchten in der eigenen Existenz, welches die eigene Existenz ins Licht der Wirklichkeit hebt.

# ZU ENDE KOMMEN

So, und jetzt ist der Schluss dieses Buchs erreicht. Endlich fertig. Einfälle kommen mir manchmal schnell und leicht in den Sinn.

Die Einfälle aber in lesbare Form zu bringen, ist nicht leicht und geht nicht schnell.

Wenn nun jemand versteht, was die GLEICHZEITIGKEIT ist, dann hat es sich gelohnt.

Dass die Entstehung der Welt, ihre Entwicklung und ihr Ende gleichzeitig stattfinden, war das Thema hier. Und dass das mit den normalen Mitteln nicht zu begreifen ist, war auch das Thema.

Es ist eine Sache des Augenblicks. Ein unerzwungener Moment von nichts. Eine Freude.

Menschwerdung ist so: aus unbewusstem Herz aufgewacht, transformiert, mit Ich bewusst geworden, dann verloren, aber doch mitten drin. Kein „von Hier nach Da".

Was uns zurückbringt in die Wirklichkeit, ist die Nicht-Wahrnehmung.

Zeitfracht Medien GmbH
Ferdinand-Jühlke-Straße 7
99095 Erfurt, Deutschland
produktsicherheit@kolibri360.de